Les petites òlibes

Montserrat Anguera Salvadó

Il·lustracions d'Elia Canadell

i Carlos Sánchez

ISBN-13: 978-1500522100
ISBN-10: 1500522104

Per a la meva petita òliba i el meu petit mussolet.

Per ser el millor de la meva vida.

Una nit de tempesta, durant el mes de maig, una òliba estava al seu niu. El niu es trobava en un forat d'un gran arbre, al llindar d'un bosquet als afores d'un petit poble.

Mentre els llamps il·luminaven el paisatge, els trons es feien sentir per tot arreu i la pluja ho mullava tot, l'òliba ponia sis ous, aviat seria mare.

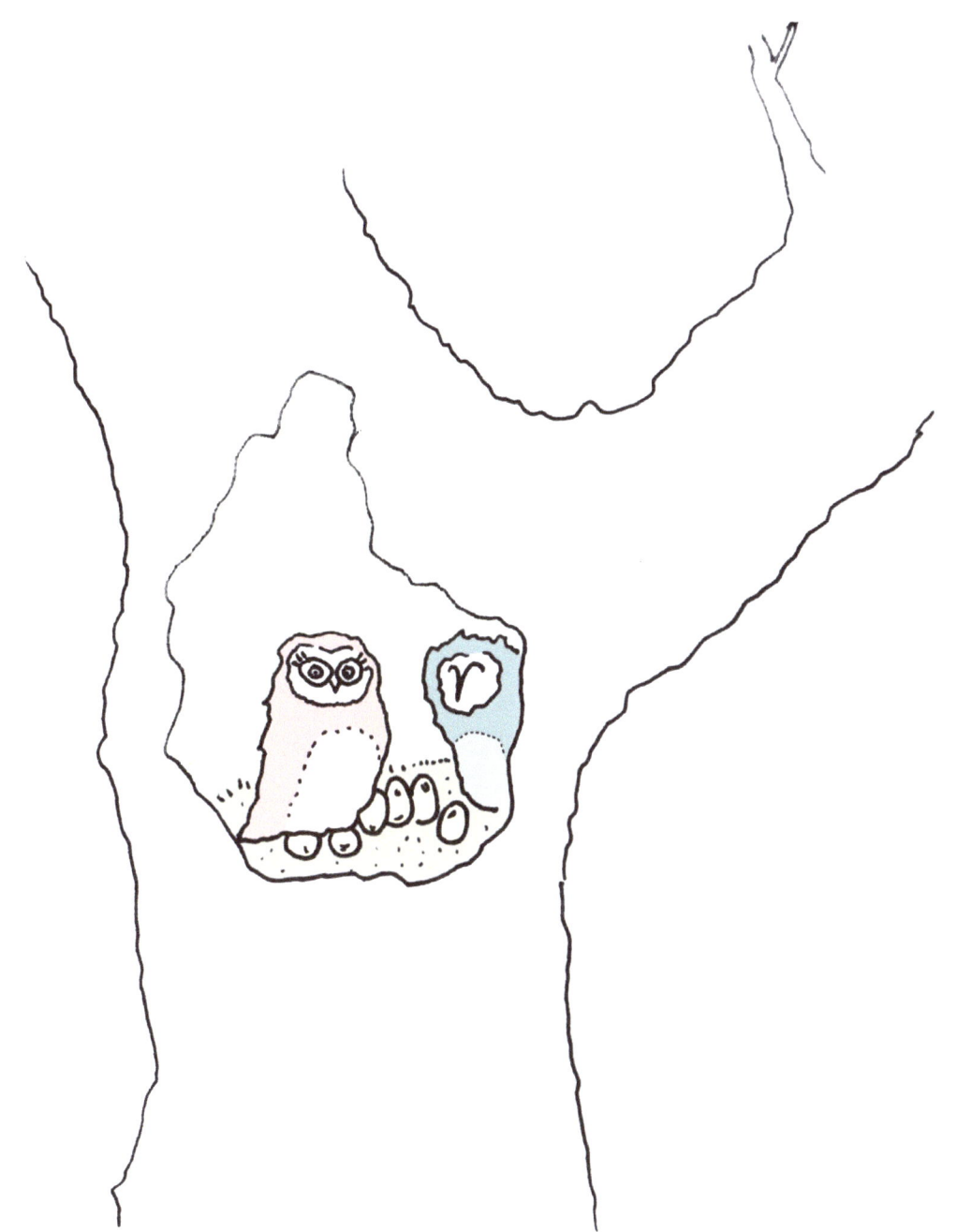

Després de la tempesta, va tornar el bon temps, era primavera: sortien les flors, cada cop feia més calor i també sortien tota classe d'animalons a córrer pel bosquet.

La mare òliba va incubar els seus ous durant un mes, amb molta cura i sense deixar-los un sol moment, mentre el pare sortia de nit per a caçar i portar aliments.

Un bon dia els ous van començar a trencar-se, la mare òliba estava molt contenta, ja sortien els seus fillets!

- Però què passa?- va preguntar la mare òliba al pare.

No tots els ous s'havien trencat. Dels sis ous només van néixer quatre òlibes petites.

El pare i la mare no ho entenien, ells havien tingut molta cura de tots però en veure que no es podia fer res van decidir dedicar-se a cuidar i ensenyar als seus quatre fillets

Les petites òlibes tenien el cos molt petit i estaven recobertes d'un plomissol blanc, eren molt fràgils i encara no tenien força per fer res, així que el pare i la mare es van dedicar a cuidar-les fins que fossin una mica més grans.

- Estic tan contenta! - va dir la mare al pare - Quins noms els posarem?

-Ja ho tinc! va contestar el pare. Els direm Oli, Tyto, Alba i Blanca.

L'Oli i el Tyto eren dues òlibes mascles, i l'Alba i la Blanca eren femelles.

Mentre estaven al niu no callaven ni un moment, sempre demanaven menjar, ja que estaven creixent molt ràpid. El pare i la mare sortien totes les nits a caçar i portaven al niu el menjar que més agradava als petits: ratolins. I si algun dia no en podien caçar, portaven algun ocell petit o algun ratpenat. Quan un sortia de cacera l'altre es quedava al niu per vigilar que no els passés res als petits.

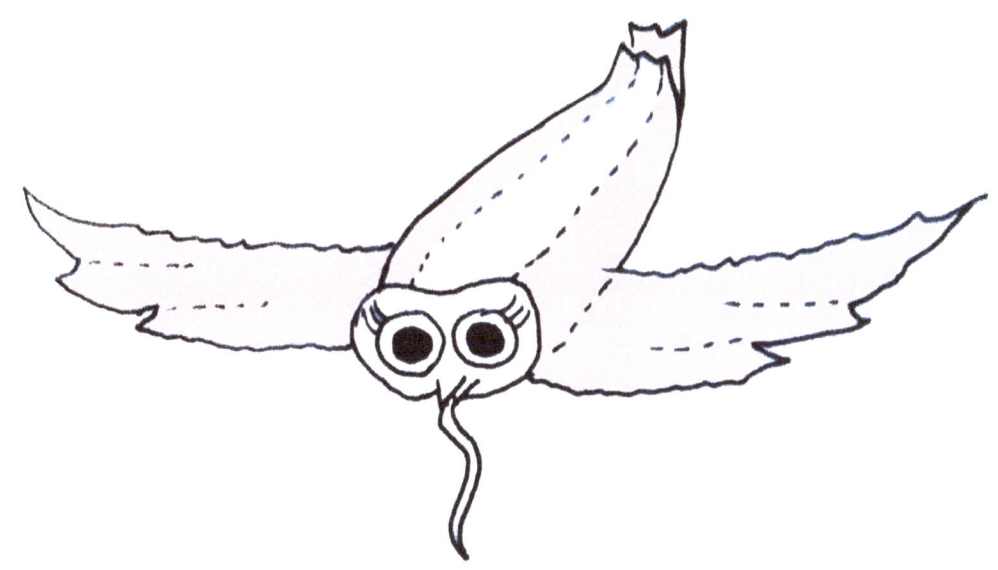

Per aquell bosquet, a part del seu menjar, també hi vivien serps, algun duc i també algun gat als que els agradava molt menjar òlibes. Per sort durant el temps que van estar al niu no els va trobar ningú, ja que s'amagaven molt bé.

Les petites òlibes s'empassaven els ratolins sencers i cada dia eren més grans. Quan ja havien passat unes quantes setmanes, les petites ja estaven preparades per deixar el niu.

- Va, ja és hora de volar!   va dir el pare.

El pare i la mare estaven cansats perquè cada cop havien de portar més menjar al niu i ja no podien, així que van decidir que com els petits ja estaven preparats començarien a ensenyar-los a volar i a caçar per alimentar-se.

-Jo no podré! - va dir Oli que era el més petit de tots.

- I tant que sí - li va contestar la mare. Tu tranquil que la mare no et deixarà en cap moment fins que aprenguis a volar i a caçar.

- Nosaltres també t'ajudarem!!! - van cridar els seus germans tots al mateix temps.

Així que aquella mateixa nit es van preparar tots per sortir de cacera. Volar va ser molt fàcil, tots estaven molt contents i animats. Però ara venia el més difícil, caçar ratolins.

La mare va ser l'encarregada d'ensenyar-los.

- Ara ens hem de quedar quiets a la branca d'un arbre i sobretot no féssiu cap soroll. Nosaltres les òlibes tenim una oïda molt fina i veiem molt bé a la foscor. O sigui que primer hem d'escoltar i quan sentim el soroll d'alguna cosa que es mou girem el cap per veure que és.

I així ho van fer, es van quedar tots quiets escoltant els sorolls de la nit. De sobte l'Alba va girar el cap sense moure el cos i va veure un petit ratolí de camp.

– Mare – va dir molt fluixet – i ara que faig?

– Tu tranquil·la, les nostres plomes són molt suaus i així quan volem no fem cap soroll. Vés volant cap a ell i quan estiguis a prop prepara les urpes i el caces. Així ho va fer i va poder caçar el seu ratolí. Els seus germans no van tenir tanta sort, així que els pare i la mare els van ajudar.

Un altre dia de cacera en Tyto va sentir un soroll, tot emocionat va girar el cap i va veure una serp que pujava per l'arbre.

- Mare, mare!!! Mira una serp!!!

- Voleu tots mentre jo l'entretinc! - va dir la mare.

La serp era molt a prop així que per donar temps a fugir als petits la mare la va atacar amb les urpes però sense acostar-se molt. Quan va veure què ja tots havien marxat ella també va marxar. Aquella nit tots van tenir un gran ensurt i a partir de llavors encara paraven més l'orella per reconèixer els sons de la nit i poder fugir a temps si veien algun depredador que se'ls volgués menjar.

Durant els dos mesos següents van sortir totes les nits a caçar amb els pares fins que a poc a poc ja no van necessitar la seva ajuda.

- Mira pare, els nostres petits ja s'han convertit en òlibes adultes, aviat ens deixaran - va dir la mare tota trista.

- No pateixis mare, ells han de volar i fer els seus nius. I nosaltres la primavera que ve segurament tindrem noves cries a les quals podrem cuidar i ensenyar.

Ara ja no eren petites òlibes, ja s'havien fet grans, amb el seu plomatge daurat a les ales i a l'esquena; blanc al ventre, a les potes i a la cara; amb els seus ulls negres que ho veien tot i les seves urpes afilades a punt per caçar. Ja eren òlibes adultes. Ara l'Oli, el Tyto, l'Alba i la Blanca ja estaven preparades: per buscar una parella, per trobar un lloc que dir-li niu i per tenir i cuidar a les seves pròpies cries, igual que havien fet els seus pares amb elles.